PREFACIO

La colección de guías de conversación para viajar "Todo irá bien" publicada por T&P Books está diseñada para personas que viajan al extranjero para turismo y negocios. Las guías contienen lo más importante - los elementos esenciales para una comunicación básica.Éste es un conjunto de frases imprescindibles para "sobrevivir" mientras está en el extranjero.

Esta guía de conversación le ayudará en la mayoría de los casos donde usted necesite pedir algo, conseguir direcciones, saber cuánto cuesta algo, etc. Puede también resolver situaciones difíciles de la comunicación donde los gestos no pueden ayudar.

Este libro contiene muchas frases que han sido agrupadas según los temas más relevantes.También encontrará un mini diccionario con palabras útiles - números, hora, calendario, colores…

Llévese la guía de conversación "Todo irá bien" en el camino y tendrá una insustituible compañera de viaje que le ayudará a salir de cualquier situación y le enseñará a no temer hablar con extranjeros.

TABLA DE CONTENIDOS

T&P Books Publishing

Colección de guías de conversación
"¡Todo irá bien!"

T&P Books Publishing

GUÍA DE CONVERSACIÓN

MALAYO

LAS PALABRAS Y LAS FRASES MÁS ÚTILES

Esta Guía de Conversación contiene las frases y las preguntas más comunes necesitadas para una comunicación básica con extranjeros

Andrey Taranov

T&P BOOKS

Guía de conversación + diccionario de 250 palabras

Guía de conversación Español-Malayo y mini diccionario de 250 palabras

por Andrey Taranov

La colección de guías de conversación para viajar "Todo irá bien" publicada por T&P Books está diseñada para personas que viajan al extranjero para turismo y negocios. Las guías contienen lo más importante - los elementos esenciales para una comunicación básica. Éste es un conjunto de frases imprescindibles para "sobrevivir" mientras está en el extranjero.

También encontrará un mini diccionario con 250 palabras útiles necesarias para la comunicación diaria - los nombres de los meses y de los días de la semana, medidas, miembros de la familia, y más.

T&P Books Publishing
www.tpbooks.com

ISBN: 978-1-83955-112-3

Este libro está disponible en formato electrónico o de E-Book también.
Visite www.tpbooks.com o las librerías electrónicas más destacadas en la Red.

PRONUNCIACIÓN

T&P alfabeto fonético	Ejemplo malayo	Ejemplo español

Las vocales

[a]	**naskhah** [naskah]	radio
[e]	**lebar** [lebar]	verano
[ɛ]	**teman** [tɛman]	mes
[i]	**lidah** [lidah]	ilegal
[o]	**blok** [blok]	bordado
[u]	**kebun** [kɛbun]	mundo

Las consonantes

[b]	**burung** [buruŋ]	en barco
[d]	**dunia** [dunia]	desierto
[dʒ]	**panjang** [pandʒaŋ]	jazz
[f]	**platform** [platform]	golf
[g]	**granit** [granit]	jugada
[ɣ]	**spaghetti** [spaɣeti]	amigo, magnífico
[j]	**layar** [lajar]	asiento
[h]	**matahari** [matahari]	registro
[k]	**mekanik** [mekanik]	charco
[l]	**lelaki** [lɛlaki]	lira
[m]	**memukul** [mɛmukul]	nombre
[n]	**nenek** [nenek]	número
[ŋ]	**gunung** [gunuŋ]	manga
[p]	**pemuda** [pɛmuda]	precio
[r]	**rakyat** [rakjat]	era, alfombra
[s]	**sembuh** [sɛmbuh]	salva
[ʃ]	**champagne** [ʃampejn]	shopping
[t]	**matematik** [matɛmatik]	torre
[x]	**akhirat** [axirat]	reloj
[tʃ]	**cacing** [tʃatʃiŋ]	mapache
[ɕ]	**syurga** [ɕurga]	China
[v]	**Taiwan** [tajvan]	travieso
[z]	**zuriat** [zuriat]	desde
[w]	**penguasa** [pɛŋwasa]	acuerdo

LISTA DE ABREVIATURAS

Abreviatura en español

adj	-	adjetivo
adv	-	adverbio
anim.	-	animado
conj	-	conjunción
etc.	-	etcétera
f	-	sustantivo femenino
f pl	-	femenino plural
fam.	-	uso familiar
fem.	-	femenino
form.	-	uso formal
inanim.	-	inanimado
innum.	-	innumerable
m	-	sustantivo masculino
m pl	-	masculino plural
m, f	-	masculino, femenino
masc.	-	masculino
mat	-	matemáticas
mil.	-	militar
num.	-	numerable
p.ej.	-	por ejemplo
pl	-	plural
pron	-	pronombre
sg	-	singular
v aux	-	verbo auxiliar
vi	-	verbo intransitivo
vi, vt	-	verbo intransitivo, verbo transitivo
vr	-	verbo reflexivo
vt	-	verbo transitivo

T&P BOOKS

GUÍA DE CONVERSACIÓN MALAYO

Esta sección contiene frases importantes que pueden resultar útiles en varias situaciones de la vida real. La Guía le ayudará a pedir direcciones, aclaración sobre precio, comprar billetes, y pedir alimentos en un restaurante

T&P Books Publishing

CONTENIDO DE LA GUÍA DE CONVERSACIÓN

T&P Books Publishing

Lo más imprescindible

Perdone, …	**Maaf, …** [Maaf, …]
Hola.	**Salam sejahtera.** [Salam sedʒahtera.]
Gracias.	**Terima kasih.** [Terimə kasih.]

Sí.	**Ya.** [Ya.]
No.	**Tidak.** [Tida.]
No lo sé.	**Saya tidak tahu.** [Sayə tida tahu.]
¿Dónde? | ¿A dónde? | ¿Cuándo?	**Di mana? | Ke mana? | Bila?** [Di mana? | Ke mana? | Bila?]

Necesito …	**Saya perlukan …** [Sayə perlukan …]
Quiero …	**Saya mahu …** [Sayə mahu …]
¿Tiene …?	**Anda ada …?** [Andə ada …?]
¿Hay … por aquí?	**Di sini ada …?** [Di sini ada …?]
¿Puedo …?	**Boleh saya …?** [Boleh saya …?]
…, por favor? (petición educada)	**Silahkan** [Silahkan]

Busco …	**Saya cari …** [Sayə tʃari …]
el servicio	**tandas** [tandas]
un cajero automático	**ATM** [ateem]
una farmacia	**kedai ubat** [kedai ubat]
el hospital	**hospital** [hospital]

la comisaría	**balai polis** [balai polis]
el metro	**LRT** [elerte]

un taxi	**teksi** [teksi]
la estación de tren	**stesen kereta api** [stesen keretə api]

Me llamo …	**Nama saya …** [Namə saya …]
¿Cómo se llama?	**Siapa nama anda?** [Siapə namə anda?]
¿Puede ayudarme, por favor?	**Silahkan tolong saya.** [Silahkan toloŋ saya.]
Tengo un problema.	**Saya ada masalah.** [Sayə adə masalah.]
Me encuentro mal.	**Saya kurang enak badan.** [Sayə kuraŋ ena badan.]
¡Llame a una ambulancia!	**Tolong panggil ambulans!** [Toloŋ paŋgil ambulans!]
¿Puedo llamar, por favor?	**Boleh saya telefon?** [Boleh sayə telefon?]

Lo siento.	**Maaf** [Maaf]
De nada.	**Sama-sama** [Sama-samə]

Yo	**saya** [sayə]
tú	**awak** [awa]
él	**dia** [diə]
ella	**dia** [diə]
ellos	**mereka** [merekə]
ellas	**mereka** [merekə]
nosotros /nosotras/	**kita, kami** [kita, kami]
ustedes, vosotros	**kamu sekalian** [kamu sekalian]
usted	**Anda** [Andə]

ENTRADA	**MASUK** [masu]
SALIDA	**keluar** [keluar]
FUERA DE SERVICIO	**rosak** [rosa]
CERRADO	**tutup** [tutup]

ABIERTO

BUKA
[bukə]

PARA SEÑORAS

untuk perempuan
[untu perempuan]

PARA CABALLEROS

untuk lelaki
[untu lelaki]

Preguntas

¿Dónde?

Di mana?
[Di mana?]

¿A dónde?

Ke mana?
[Ke mana?]

¿De dónde?

Dari mana?
[Dari mana?]

¿Por qué?

Mengapa?
[Meŋapa?]

¿Con que razón?

Fasal apa?
[Fasal apa?]

¿Cuándo?

Bila?
[Bila?]

¿Cuánto tiempo?

Berapa lama?
[Berapə lama?]

¿A qué hora?

Pukul berapa?
[Pukul berapa?]

¿Cuánto?

Berapa harga?
[Berapə harga?]

¿Tiene ...?

Anda ada ...?
[Andə ada ...?]

¿Dónde está ...?

Di mana terletak ...?
[Di manə terleta ...?]

¿Qué hora es?

Pukul berapa?
[Pukul berapa?]

¿Puedo llamar, por favor?

Boleh saya telefon?
[Boleh sayə telefon?]

¿Quién es?

Siapa di situ?
[Siapə di situ?]

¿Se puede fumar aquí?

Boleh saya merokok di sini?
[Boleh sayə meroko di sini?]

¿Puedo ...?

Boleh saya ...?
[Boleh saya ...?]

Necesidades

Quisiera …	**Saya mahu …** [Sayə mahu …]
No quiero …	**Saya tidak mahu …** [Sayə tida mahu …]
Tengo sed.	**Saya mahu minum.** [Sayə mahu minum.]
Tengo sueño.	**Saya mahu tidur.** [Sayə mahu tidur.]
Quiero …	**Saya mahu …** [Sayə mahu …]
lavarme	**membasuh muka** [membasuh mukə]
cepillarme los dientes	**menggosok gigi** [meŋgoso gigi]
descansar un momento	**rehat sikit** [rehat sikit]
cambiarme de ropa	**bersalin** [bersalin]
volver al hotel	**pulang ke hotel** [pulaŋ ke hotel]
comprar …	**beli …** [beli …]
ir a …	**pergi ke …** [pergi ke …]
visitar …	**melawat …** [melawat …]
quedar con …	**berjumpa dengan …** [berdʒumpə deŋan …]
hacer una llamada	**telefon** [telefon]
Estoy cansado /cansada/.	**Saya letih.** [Sayə letih.]
Estamos cansados /cansadas/.	**Kami letih.** [Kami letih.]
Tengo frío.	**Saya kesejukan.** [Sayə kesedʒukan.]
Tengo calor.	**Saya kepanasan.** [Sayə kepanasan.]
Estoy bien.	**Saya OK.** [Sayə okej.]

Tengo que hacer una llamada.   **Saya perlu telefon.**
[Sayǝ perlu telefon.]

Necesito ir al servicio.   **Saya perlu ke tandas.**
[Sayǝ perlu ke tandas.]

Me tengo que ir.   **Saya perlu pulang.**
[Sayǝ perlu pulaŋ.]

Me tengo que ir ahora.   **Saya perlu pergi.**
[Sayǝ perlu pergi.]

Preguntar por direcciones

Perdone, …	**Maaf …** [Maaf …]
¿Dónde está …?	**Di mana terletak …?** [Di manə terleta …?]
¿Por dónde está …?	**Ke arah mana terletak …?** [Ke arah manə terleta …?]
¿Puede ayudarme, por favor?	**Silahkan, tolong saya.** [Silahkan, toloŋ saya.]

Busco …	**Saya cari …** [Sayə t͡ʃari …]
Busco la salida.	**Saya cari pintu keluar.** [Sayə t͡ʃari pintu keluar.]
Voy a …	**Saya pergi ke …** [Sayə pergi ke …]
¿Voy bien por aquí para …?	**Saya pergi ke … arah betul?** [Sayə pergi ke … arah betul?]

¿Está lejos?	**Ini jauhkah?** [Ini d͡ʒauhkah?]
¿Puedo llegar a pie?	**Boleh saya sampai ke sana berjalan kaki?** [Boleh sayə sampai ke sanə berd͡ʒalan kaki?]
¿Puede mostrarme en el mapa?	**Silahkan, tunjukkan di peta.** [Silahkan, tund͡ʒukkan di peta.]
Por favor muestreme dónde estamos.	**Tunjukkan di peta di mana kita sekarang.** [Tund͡ʒukkan di petə di manə kitə sekaraŋ.]

Aquí	**Di sini** [Di sini]
Allí	**Di situ** [Di situ]
Por aquí	**Jalan ini** [d͡ʒalan ini]

Gire a la derecha.	**Belok ke kanan.** [Belo ke kanan.]
Gire a la izquierda.	**Belok ke kiri.** [Belo ke kiri.]
la primera (segunda, tercera) calle	**belokan pertama (kedua, ketiga)** [belokan pertamə (kedua, ketiga)]

a la derecha	**ke kanan** [ke kanan]
a la izquierda	**ke kiri** [ke kiri]
Siga recto.	**Pergi terus.** [Pergi terus.]

Carteles

¡BIENVENIDO!	**SELAMAT DATANG!** [selamat dataŋ!]
ENTRADA	**MASUK** [masu]
SALIDA	**KELUAR** [keluar]
EMPUJAR	**TOLAK** [tola]
TIRAR	**TARIK** [tari]
ABIERTO	**BUKA** [bukə]
CERRADO	**TUTUP** [tutup]
PARA SEÑORAS	**UNTUK PEREMPUAN** [untu perempuan]
PARA CABALLEROS	**UNTUK LELAKI** [untu lelaki]
CABALLEROS	**TANDAS LELAKI** [tandas lelaki]
SEÑORAS	**TANDAS PEREMPUAN** [tandas perempuan]
REBAJAS	**POTONGAN** [potoŋan]
VENTA	**JUALAN MURAH** [dʒualan murah]
GRATIS	**PERCUMA** [pertʃumə]
¡NUEVO!	**BARANG BARU!** [baraŋ baru!]
ATENCIÓN	**PERHATIAN!** [perhatian!]
COMPLETO	**TIDAK ADA TEMPAT KOSONG** [tida adə tempat kosoŋ]
RESERVADO	**DITEMPAH** [ditempah]
ADMINISTRACIÓN	**PENTADBIRAN** [pentadbiran]
SÓLO PERSONAL AUTORIZADO	**UNTUK KAKITANGAN SAJA** [untu kakitaŋan sadʒə]

CUIDADO CON EL PERRO

ANJING GANAS
[andʒiŋ ganas]

NO FUMAR

DILARANG MEROKOK!
[dilaraŋ merokok!]

NO TOCAR

JANGAN SENTUH!
[dʒaŋan sentuh!]

PELIGROSO

BERBAHAYA
[bərbahayə]

PELIGRO

BAHAYA
[bahayə]

ALTA TENSIÓN

VOLTAN TINGGI
[voltan tiŋgi]

PROHIBIDO BAÑARSE

DILARANG BERENANG
[dilaraŋ berenaŋ]

FUERA DE SERVICIO

ROSAK
[rosa]

INFLAMABLE

MUDAH TERBAKAR
[mudah terbakar]

PROHIBIDO

DILARANG
[dilaraŋ]

PROHIBIDO EL PASO

TIDAK ADA LALUAN TERUS
[tida adə laluan terus]

RECIÉN PINTADO

CAT BASAH
[tʃat basah]

CERRADO POR RENOVACIÓN

TUTUP UNTUK DIPERBAIKI
[tutup untu diperbaiki]

EN OBRAS

KERJA GALIAN
[kerdʒə galian]

DESVÍO

LENCONGAN
[lentʃoŋan]

Transporte. Frases generales

el avión	**kapal terbang** [kapal terbaŋ]
el tren	**kereta api, tren** [keretə api, tren]
el bus	**bas** [bas]
el ferry	**feri** [feri]
el taxi	**teksi** [teksi]
el coche	**kereta** [keretə]
el horario	**jadual** [dʒadual]
¿Dónde puedo ver el horario?	**Di mana saya boleh melihat jadual?** [Di manə sayə boleh melihat dʒadual?]
días laborables	**hari-hari kerja** [hari-hari kerdʒə]
fines de semana	**hari-hari cuti** [hari-hari tʃuti]
días festivos	**hari-hari perayaan** [hari-hari perayaan]
SALIDA	**PERLEPASAN** [perlepasan]
LLEGADA	**KETIBAAN** [ketibaan]
RETRASADO	**TERLAMBAT** [terlambat]
CANCELADO	**DIBATALKAN** [dibatalkan]
siguiente (tren, etc.)	**seterusnya (tren dll)** [seterusnyə]
primero	**pertama** [pertamə]
último	**terakhir** [teraχir]
¿Cuándo pasa el siguiente ...?	**Bila ... seterusnya akan tiba?** [Bilə ... seterusnyə akan tiba?]
¿Cuándo pasa el primer ...?	**Bila ... seterusnya akan berlepas?** [Bilə ... seterusnyə akan berlepas?]

¿Cuándo pasa el último …?

Bila … terakhir akan berlepas
[Bilə … teraχir akan berlepas]

el trasbordo (cambio de trenes, etc.)

pertukaran
[pertukaran]

hacer un trasbordo

membuat pertukaran
[membuat pertukaran]

¿Tengo que hacer un trasbordo?

Perlukah saya membuat pertukaran?
[Perlukah sayə membuat pertukaran?]

Comprar billetes

¿Dónde puedo comprar un billete?	**Di mana saya boleh membeli tiket?** [Di manə sayə boleh membeli tiket?]
comprar un billete	**membeli tiket** [membeli tiket]
precio del billete	**harga tiket** [hargə tiket]
¿Para dónde?	**Ke mana?** [Ke mana?]
¿A qué estación?	**Sampai stesen yang mana?** [Sampai stesen yaŋ mana?]
Necesito …	**Saya perlukan …** [Sayə perlukan …]
un billete	**satu tiket** [satu tiket]
dos billetes	**dua tiket** [duə tiket]
tres billetes	**tiga tiket** [tigə tiket]
sólo ida	**perjalanan sehala** [perdʒalanan sehalə]
ida y vuelta	**pergi balik** [pergi bali]
en primera (primera clase)	**kelas satu** [kelas satu]
en segunda (segunda clase)	**kelas dua** [kelas duə]
hoy	**hari ini** [hari ini]
mañana	**besok** [beso]
pasado mañana	**besok lusa** [beso lusə]
por la mañana	**pagi** [pagi]
por la tarde	**siang hari** [siaŋ hari]
por la noche	**petang** [petaŋ]

asiento de pasillo   **tempat pada laluan**
                                  [tempat padə laluan]

asiento de ventanilla   **tempat pada tingkap**
                                  [tempat padə tiŋkap]

¿Cuánto cuesta?   **Berapa?**
                                  [Berapa?]

¿Puedo pagar con tarjeta?   **Boleh saya bayar dengan kad?**
                                  [Boleh sayə bayar deŋan kad?]

Autobús

el autobús	**bas** [bas]
el autobús interurbano	**bas anara bandar** [bas anarə bandar]
la parada de autobús	**perhentian bas** [perhentian bas]
¿Dónde está la parada de autobuses más cercana?	**Di mana perhentian bas yang terdekat?** [Di manə perhentian bas yaŋ terdekat?]
número	**nombor** [nombor]
¿Qué autobús tengo que tomar para …?	**Bas nombor berapa pergi sampai …?** [Bas nombor berapə pergi sampai …?]
¿Este autobús va a …?	**Adakah bas ini pergi sampai …?** [Adakah bas ini pergi sampai …?]
¿Cada cuanto pasa el autobús?	**Berapa kerap bas ini pergi?** [Berapə kerap bas ini pergi?]
cada 15 minutos	**setiap 15 minit** [setiap lima belas minit]
cada media hora	**setiap setengah jam** [setiap seteŋah dʒam]
cada hora	**setiap jam** [setiap dʒam]
varias veces al día	**beberapa kali sehari** [beberapə kali sehari]
… veces al día	**… kali sehari** [… kali sehari]
el horario	**jadual** [dʒadual]
¿Dónde puedo ver el horario?	**Di mana saya boleh melihat jadual?** [Di manə sayə boleh melihat dʒadual?]
¿Cuándo pasa el siguiente autobús?	**Bila bas seterusnya tiba?** [Bilə bas seterusnyə tiba?]
¿Cuándo pasa el primer autobús?	**Bila bas pertama berlepas?** [Bilə bas pertamə berlepas?]
¿Cuándo pasa el último autobús?	**Bila bas terakhir berlepas?** [Bilə bas teraχir berlepas?]
la parada	**perhentian** [perhentian]

la siguiente parada

perhentian seterusnya
[perhentian seterusnyǝ]

la última parada

perhentian terakhir
[perhentian teraχir]

Pare aquí, por favor.

Tolong berhenti di sini.
[Toloŋ berhenti di sini.]

Perdone, esta es mi parada.

Maaf, ini perhentian saya.
[Maaf, ini perhentian saya.]

Tren

el tren	**kereta api, tren** [keretə api, tren]
el tren de cercanías	**komuter** [komuter]
el tren de larga distancia	**kereta api jarak jauh** [keretə api ʤara ʤauh]
la estación de tren	**stesen kereta api** [stesen keretə api]
Perdone, ¿dónde está la salida al anden?	**Maaf, di mana laluan ke kereta api?** [Maaf, di manə laluan ke keretə api?]

¿Este tren va a ...?	**Adakah kereta api ini pergi ke ...?** [Adakah keretə api ini pergi ke ...?]
el siguiente tren	**kereta api seterusnya** [keretə api seterusnyə]
¿Cuándo pasa el siguiente tren?	**Bila kereta api seterusnya berlepas?** [Bilə keretə api seterusnyə berlepas?]
¿Dónde puedo ver el horario?	**Di mana saya boleh melihat jadual?** [Di manə sayə boleh melihat ʤadual?]
¿De qué andén?	**Dari platform nombor berapa?** [Dari platform nombor berapa?]
¿Cuándo llega el tren a ...?	**Bila kereta api sampai ke ...?** [Bilə keretə api sampai ke ...?]

Ayudeme, por favor.	**Silahkan, tolong saya.** [Silahkan, toloŋ saya.]
Busco mi asiento.	**Saya cari tempat saya.** [Sayə ʧari tempat saya.]
Buscamos nuestros asientos.	**Kami cari tempat kami.** [Kami ʧari tempat kami.]
Mi asiento está ocupado.	**Tempat saya dipakai.** [Tempat sayə dipakai.]
Nuestros asientos están ocupados.	**Tempat kami dipakai.** [Tempat kami dipakai.]

Perdone, pero ese es mi asiento.	**Maaf, tetapi tempat ini saya punya.** [Maaf, tetapi tempat ini sayə punya.]
¿Está libre?	**Tempat ini kosong?** [Tempat ini kosoŋ?]
¿Puedo sentarme aquí?	**Boleh saya duduk di sini?** [Boleh sayə dudu di sini?]

En el tren. Diálogo (Sin billete)

Su billete, por favor.

Silahkan, pamerkan tiket anda.
[Silahkan, pamerkan tiket anda.]

No tengo billete.

Saya tidak ada tiket.
[Sayə tida adə tiket.]

He perdido mi billete.

Saya kehilangan tiket.
[Sayə kehilaŋan tiket.]

He olvidado mi billete en casa.

Saya tertinggal tiket di rumah.
[Sayə tertiŋgal tiket di rumah.]

Le puedo vender un billete.

Anda boleh membeli tiket pada saya.
[Andə boleh membeli tiket padə saya.]

También deberá pagar una multa.

Anda terpaksa juga membayar denda.
[Andə terpaksə dʒugə membayar denda.]

Vale.

Baiklah.
[Baiklah.]

¿A dónde va usted?

Anda pergi ke mana?
[Andə pergi ke mana?]

Voy a …

Saya pergi ke …
[Sayə pergi ke …]

¿Cuánto es? No lo entiendo.

Berapa? Saya tidak faham.
[Berapa? Sayə tida faham.]

Escríbalo, por favor.

Silahkan, tulis.
[Silahkan, tulis.]

Vale. ¿Puedo pagar con tarjeta?

Baik. Boleh saya bayar dengan kad?
[Bai. Boleh sayə bayar deŋan kad?]

Sí, puede.

Ya, boleh.
[Ya, boleh.]

Aquí está su recibo.

Ini resit anda.
[Ini resit anda.]

Disculpe por la multa.

Maaf kerana anda kena denda.
[Maaf keranə andə kenə denda.]

No pasa nada. Fue culpa mía.

Tidak apa-apa. Itu salah saya.
[Tida apa-apa. Itu salah saya.]

Disfrute su viaje.

Selamat jalan.
[Selamat dʒalan.]

Taxi

taxi	**teksi** [teksi]
taxista	**pemandu teksi** [pemandu teksi]
coger un taxi	**menangkap teksi** [menaŋkap teksi]
parada de taxis	**perhentian teksi** [perhentian teksi]
¿Dónde puedo coger un taxi?	**Di mana saya boleh menyewa teksi?** [Di manə sayə boleh menyewə teksi?]
llamar a un taxi	**memanggil teksi** [memaŋgil teksi]
Necesito un taxi.	**Saya perlukan teksi.** [Sayə perlukan teksi.]
Ahora mismo.	**Sekarang juga.** [Sekaraŋ dʒuga.]
¿Cuál es su dirección?	**Alamat anda?** [Alamat anda?]
Mi dirección es …	**Alamat saya …** [Alamat saya …]
¿Cuál es el destino?	**Anda pergi ke mana?** [Andə pergi ke mana?]
Perdone, …	**Maaf, …** [Maaf, …]
¿Está libre?	**Teksi ini kosong?** [Teksi ini kosoŋ?]
¿Cuánto cuesta ir a …?	**Berapa tambang sampai …?** [Berapə tambaŋ sampai …?]
¿Sabe usted dónde está?	**Anda tahu, di mana itu?** [Andə tahu, di manə itu?]
Al aeropuerto, por favor.	**Silahkan, ke lapangan terbang.** [Silahkan, ke lapaŋan terbaŋ.]
Pare aquí, por favor.	**Silahkan berhenti di sini.** [Silahkan berhenti di sini.]
No es aquí.	**Bukan di sini.** [Bukan di sini.]
La dirección no es correcta.	**Alamat itu salah.** [Alamat itu salah.]
Gire a la izquierda.	**Sekarang ke kiri.** [Sekaraŋ ke kiri.]
Gire a la derecha.	**Sekarang ke kanan.** [Sekaraŋ ke kanan.]

¿Cuánto le debo?

Berapa saya harus bayar?
[Berapə sayə harus bayar?]

¿Me da un recibo, por favor?

Silahkan, bagi resit.
[Silahkan, bagi resit.]

Quédese con el cambio.

Simpan baki.
[Simpan baki.]

Espéreme, por favor.

Silahkan tunggu saya di sini.
[Silahkan tuŋgu sayə di sini.]

cinco minutos

lima minit
[limə minit]

diez minutos

sepuluh minit
[sepuluh minit]

quince minutos

lima belas minit
[limə belas minit]

veinte minutos

dua puluh minit
[duə puluh minit]

media hora

setengah jam
[seteŋah dʒam]

Hotel

Hola.	**Salam sejahtera.** [Salam sedʒahtera.]
Me llamo …	**Nama saya …** [Namə saya …]
Tengo una reserva.	**Saya menempah bilik.** [Sayə menempah bili.]
Necesito …	**Saya perlukan …** [Sayə perlukan …]
una habitación individual	**bilik untuk satu orang** [bili untu satu oraŋ]
una habitación doble	**bilik untuk dua orang** [bili untu duə oraŋ]
¿Cuánto cuesta?	**Berapa harganya?** [Berapə harganya?]
Es un poco caro.	**Itu mahal sikit.** [Itu mahal sikit.]
¿Tiene alguna más?	**Anda ada bilik lain?** [Andə adə bili lain?]
Me quedo.	**Saya akan menerimanya.** [Sayə akan menerimanya.]
Pagaré en efectivo.	**Saya akan bayar wang tunai.** [Sayə akan bayar waŋ tunai.]
Tengo un problema.	**Saya ada masalah.** [Sayə adə masalah.]
Mi … no funciona.	**… saya rosak.** [… sayə rosa.]
Mi … está fuera de servicio.	**… saya tidak berfungsi.** [… sayə tida berfuŋsi.]
televisión	**peti televisyen** [peti televiçen]
aire acondicionado	**penghawa dingin** [penɣawə diŋin]
grifo	**pili** [pili]
ducha	**pancutan air** [pantʃutan air]
lavabo	**sink cuci tangan** [sin tʃutʃi taŋan]
caja fuerte	**peti besi** [peti besi]

cerradura — **kunci pintu**
[kuntʃi pintu]

enchufe — **soket**
[soket]

secador de pelo — **kipas angin**
[kipas aŋin]

No tengo … — **Saya tidak ada …**
[Sayə tida ada …]

agua — **air**
[air]

luz — **api**
[api]

electricidad — **elektrik**
[elektri]

¿Me puede dar …? — **Boleh anda beri …?**
[Boleh andə beri …?]

una toalla — **tuala**
[tualə]

una sábana — **selimut**
[selimut]

unas chanclas — **selipar**
[selipar]

un albornoz — **jubah**
[dʒubah]

un champú — **syampu**
[ɕampu]

jabón — **sabun**
[sabun]

Quisiera cambiar de habitación. — **Saya nak tukar bilik.**
[Sayə na tukar bili.]

No puedo encontrar mi llave. — **Saya tak boleh menemui kunci saya.**
[Sayə ta boleh menemui kuntʃi saya.]

Por favor abra mi habitación. — **Silahkan buka bilik saya.**
[Silahkan bukə bili saya.]

¿Quién es? — **Siapa di situ?**
[Siapə di situ?]

¡Entre! — **Masuk!**
[Masuk!]

¡Un momento! — **Sekejap!**
[Sekedʒap!]

Ahora no, por favor. — **Silahkan, bukan sekarang.**
[Silahkan, bukan sekaraŋ.]

Venga a mi habitación, por favor. — **Silahkan, masuk bilik saya.**
[Silahkan, masu bili saya.]

Quisiera hacer un pedido. — **Saya mahu menempah makanan ke bilik.**
[Sayə mahu menempah makanan ke bili.]

Mi número de habitación es …

Nombor bilik saya …
[Nombor bili saya …]

Me voy …

Saya mahu pergi …
[Sayə mahu pergi …]

Nos vamos …

Kami mahu pergi …
[Kami mahu pergi …]

Ahora mismo

sekarang
[sekaraŋ]

esta tarde

hari ini selepas tengah hari
[hari ini selepas teŋah hari]

esta noche

hari ini petang
[hari ini petaŋ]

mañana

besok
[beso]

mañana por la mañana

besok pagi
[beso pagi]

mañana por la noche

besok petang
[beso petaŋ]

pasado mañana

besok lusa
[beso lusə]

Quisiera pagar la cuenta.

Saya nak membayar.
[Sayə na membayar.]

Todo ha estado estupendo.

Segalanya baik sekali.
[Segalanyə bai sekali.]

¿Dónde puedo coger un taxi?

Di mana saya boleh mengambil teksi?
[Di manə sayə boleh meŋambil teksi?]

¿Puede llamarme un taxi, por favor?

Silahkan panggil teksi.
[Silahkan paŋgil teksi.]

Restaurante

¿Puedo ver el menú, por favor?	**Boleh saya tengok menu?** [Boleh sayə teŋo menu?]
Mesa para uno.	**Meja untuk satu orang.** [Medʒə untu satu oraŋ.]
Somos dos (tres, cuatro).	**Kami dua (tiga, empat) orang.** [Kami duə (tiga, empat) oraŋ.]

Para fumadores	**untuk perokok** [untu peroko]
Para no fumadores	**untuk bukan perokok** [untu bukan peroko]
¡Por favor! (llamar al camarero)	**Maaf!** [Maaf!]
la carta	**menu** [menu]
la carta de vinos	**daftar wain** [daftar wain]
La carta, por favor.	**Tolong bagi menu.** [Toloŋ bagi menu.]

¿Está listo para pedir?	**Anda sudah sedia menempah?** [Andə sudah sediə menempah?]
¿Qué quieren pedir?	**Apa yang anda mahu tempah?** [Apə yaŋ andə mahu tempah?]
Yo quiero …	**Saya mahu …** [Sayə mahu …]

Soy vegetariano.	**Saya vegetarian.** [Sayə vegetarian.]
carne	**daging** [dagiŋ]
pescado	**ikan** [ikan]
verduras	**sayur-sayuran** [sayur-sayuran]
¿Tiene platos para vegetarianos?	**Adakah di sini makanan vegetarian?** [Adakah di sini makanan vegetarian?]
No como cerdo.	**Saya tidak makan daging babi.** [Sayə tida makan dagiŋ babi.]
Él /Ella/ no come carne.	**Dia tidak makan daging.** [Diə tida makan dagiŋ.]
Soy alérgico a …	**Saya alah terhadap …** [Sayə alah terhadap …]

¿Me puede traer ..., por favor?

Tolong bawa ...
[Toloŋ bawa ...]

sal | pimienta | azúcar

garam | lada | gula
[garam | lada | gulə]

café | té | postre

kopi | teh | cuci mulut
[kopi | teh | ʧuʧi mulut]

agua | con gas | sin gas

air | bergas | tidak bergas
[air | bergas | tida bergas]

una cuchara | un tenedor | un cuchillo

sudu | garpu | pisau
[sudu | garpu | pisau]

un plato | una servilleta

pinggan | tisu
[piŋgan | tisu]

¡Buen provecho!

Selamat jamu selera!
[Selamat dʒamu selera!]

Uno más, por favor.

Silahkan bawa lagi.
[Silahkan bawə lagi.]

Estaba delicioso.

Itu sedap sekali.
[Itu sedap sekali.]

---

la cuenta | el cambio | la propina

bil | wang baki | duit kopi
[bil | waŋ baki | duit kopi]

La cuenta, por favor.

Tolong bawa bil.
[Toloŋ bawə bil.]

¿Puedo pagar con tarjeta?

Boleh saya bayar dengan kad?
[Boleh sayə bayar deŋan kad?]

Perdone, aquí hay un error.

Maaf, ada salah hitung.
[Maaf, adə salah hituŋ.]

De Compras

¿Puedo ayudarle?

Boleh saya tolong kepada anda?
[Boleh sayə toloŋ kepadə anda?]

¿Tiene ...?

Di sini ada ...?
[Di sini ada ...?]

Busco ...

Saya cari ...
[Sayə ʧari ...]

Necesito ...

Saya perlukan ...
[Sayə perlukan ...]

Sólo estoy mirando.

Saya tengol-tengok saja.
[Sayə teŋol-teŋo sadʒa.]

Sólo estamos mirando.

Kami tengok-tengok saja.
[Kami teŋok-teŋo sadʒa.]

Volveré más tarde.

Saya akan datang lebih kemudian.
[Sayə akan dataŋ lebih kemudian.]

Volveremos más tarde.

Kami akan datang lebih kemudian.
[Kami akan dataŋ lebih kemudian.]

descuentos | oferta

potongan | jualan murah
[potoŋan | dʒualan murah]

Por favor, enséñeme ...

Silahkan, pamerkan ...
[Silahkan, pamerkan ...]

¿Me puede dar ..., por favor?

Silahkan, bagi saya ...
[Silahkan, bagi saya ...]

¿Puedo probarmelo?

Boleh saya mencuba ini?
[Boleh sayə menʧubə ini?]

Perdone, ¿dónde están los probadores?

Maaf, dimana bilik acu?
[Maaf, dimanə bili aʧu?]

¿Qué color le gustaría?

Warna apa anda mahu?
[Warnə apə andə mahu?]

la talla | el largo

ukuran | panjang
[ukuran | pandʒaŋ]

¿Cómo le queda? (¿Está bien?)

Sesuai?
[Sesuai?]

¿Cuánto cuesta esto?

Berapa harga ini?
[Berapə hargə ini?]

Es muy caro.

Ini terlalu mahal.
[Ini terlalu mahal.]

Me lo llevo.

Saya akan ambil ini.
[Sayə akan ambil ini.]

Perdone, ¿dónde está la caja?

Maaf, di mana juruwang?
[Maaf, di manə dʒuruwaŋ?]

¿Pagará en efectivo o con tarjeta?

Bagaimana anda akan membayar?
Dengan wang tunai atau kad?
[Bagaimanə andə akan membayar?
Deŋan waŋ tunai atau kad?]

en efectivo | con tarjeta

dengan wang tunai | dengan kad
[deŋan waŋ tunai | deŋan kat]

¿Quiere el recibo?

Anda perlukan resit?
[Andə perlukan resit?]

Sí, por favor.

Ya, silahkan.
[Ya, silahkan.]

No, gracias.

Tidak, tidak perlu. Terima kasih.
[Tida, tida perlu. Terimə kasih.]

Gracias. ¡Que tenga un buen día!

Terima kasih. Jumpa lagi!
[Terimə kasih. dʒumpə lagi!]

En la ciudad

Perdone, por favor.	**Silahkan, maaf ...** [Silahkan, maaf ...]
Busco ...	**Saya cari ...** [Sayə ʧari ...]
el metro	**LRT** [elerte]
mi hotel	**hotel saya** [hotel sayə]
el cine	**pawagam** [pawagam]
una parada de taxis	**perhentian teksi** [perhentian teksi]
un cajero automático	**ATM** [ateem]
una oficina de cambio	**pengurut wang** [peŋurut waŋ]
un cibercafé	**kafe siber** [kafe siber]
la calle ...	**jalan ...** [dʒalan ...]
este lugar	**tempat ini** [tempat ini]
¿Sabe usted dónde está ...?	**Anda tahu di mana terletak ...?** [Andə tahu di manə terleta ...?]
¿Cómo se llama esta calle?	**Apa nama jalan ini?** [Apə namə dʒalan ini?]
Muestreme dónde estamos ahora.	**Tunjukkan di peta, di mana kita berada sekarang.** [Tundʒukkan di peta, di manə kitə beradə sekaraŋ.]
¿Puedo llegar a pie?	**Bolehkah saya sampai ke situ berjalan kaki?** [Bolehkah sayə sampai ke situ berdʒalan kaki?]
¿Tiene un mapa de la ciudad?	**Anda ada peta bandar?** [Andə adə petə bandar?]
¿Cuánto cuesta la entrada?	**Berapa harga tiket masuk?** [Berapə hargə tiket masuk?]
¿Se pueden hacer fotos aquí?	**Bolehkah di sini buat foto?** [Bolehkah di sini buat foto?]

¿Está abierto?　　　　　　　　**Ini buka?**
　　　　　　　　　　　　　　　[Ini buka?]

¿A qué hora abren?　　　　　　**Pukul berapa ini buka?**
　　　　　　　　　　　　　　　[Pukul berapə ini buka?]

¿A qué hora cierran?　　　　　**Sampai pukul berapa ini buka?**
　　　　　　　　　　　　　　　[Sampai pukul berapə ini buka?]

Dinero

dinero	**wang** [waŋ]
efectivo	**wang tunai** [waŋ tunai]
billetes	**wang kertas** [waŋ kertas]
monedas	**wang syiling** [waŋ ҫiliŋ]
la cuenta | el cambio | la propina	**bil | wang sisa | duit kopi** [bil | waŋ sisa | duit kopi]
la tarjeta de crédito	**kad kredit** [kat kredit]
la cartera	**dompet** [dompet]
comprar	**membeli** [membeli]
pagar	**membayar** [membayar]
la multa	**denda** [dendə]
gratis	**percuma** [pertʃumə]
¿Dónde puedo comprar …?	**Di mana saya boleh beli …?** [Di manə sayə boleh beli …?]
¿Está el banco abierto ahora?	**Bank ini sekarang buka?** [Ban ini sekaraŋ buka?]
¿A qué hora abre?	**Pukul berapa ia buka?** [Pukul berapə iə buka?]
¿A qué hora cierra?	**Sampai pukul berapa ia buka?** [Sampai pukul berapə iə buka?]
¿Cuánto cuesta?	**Berapa?** [Berapa?]
¿Cuánto cuesta esto?	**Berapa harganya?** [Berapə harganya?]
Es muy caro.	**Ini terlalu mahal.** [Ini terlalu mahal.]
Perdone, ¿dónde está la caja?	**Maaf, di mana juruwang?** [Maaf, di manə dʒuruwaŋ?]
La cuenta, por favor.	**Silahkan bawa bil.** [Silahkan bawə bil.]

¿Puedo pagar con tarjeta?	**Boleh saya bayar dengan kad?**
	[Boleh sayə bayar deŋan kad?]
¿Hay un cajero por aquí?	**Ada di sini ATM?**
	[Adə di sini ateem?]
Busco un cajero automático.	**Saya perlukan ATM.**
	[Sayə perlukan ateem.]

Busco una oficina de cambio.	**Saya cari pengurut wang.**
	[Sayə ʧari peŋurut waŋ.]
Quisiera cambiar …	**Saya nak tukar …**
	[Sayə na tukar …]
¿Cuál es el tipo de cambio?	**Berapa kadar pertukaran?**
	[Berapə kadar pertukaran?]
¿Necesita mi pasaporte?	**Anda perlukan pasport saya?**
	[Andə perlukan pasport saya?]

Tiempo

¿Qué hora es?	**Pukul berapa?** [Pukul berapa?]
¿Cuándo?	**Bila?** [Bila?]
¿A qué hora?	**Pukul berapa?** [Pukul berapa?]
ahora | luego | después de …	**sekarang | kemudian | selepas …** [sekaraŋ | kemudian | selepas …]
la una	**pukul satu tengah hari** [pukul satu teŋah hari]
la una y cuarto	**pukul satu suku** [pukul satu suku]
la una y medio	**pukul satu setengah** [pukul satu seteŋah]
las dos menos cuarto	**pukul dua kurang suku** [pukul duə kuraŋ suku]
una | dos | tres	**satu | dua | tiga** [satu | duə | tigə]
cuatro | cinco | seis	**empat | lima | enam** [empat | lima | enam]
siete | ocho | nueve	**tujuh | lapan | sembilan** [tudʒuh | lapan | sembilan]
diez | once | doce	**sepuluh | sebelas | dua belas** [sepuluh | sebelas | duə belas]
en …	**selepas …** [selepas …]
cinco minutos	**lima minit** [limə minit]
diez minutos	**sepuluh minit** [sepuluh minit]
quince minutos	**lima belas minit** [limə belas minit]
veinte minutos	**dua puluh minit** [duə puluh minit]
media hora	**setengah jam** [seteŋah dʒam]
una hora	**satu jam** [satu dʒam]
por la mañana	**pagi** [pagi]

por la mañana temprano	**pagi-pagi** [pagi-pagi]
esta mañana	**pagi ini** [pagi ini]
mañana por la mañana	**besok pagi** [beso pagi]

al mediodía	**tengah hari** [teŋah hari]
por la tarde	**selepas tengah hari** [selepas teŋah hari]
por la noche	**petang** [petaŋ]
esta noche	**petang ini** [petaŋ ini]

por la noche	**malam** [malam]
ayer	**semalam** [semalam]
hoy	**hari ini** [hari ini]
mañana	**besok** [beso]
pasado mañana	**besok lusa** [beso lusə]

¿Qué día es hoy?	**Hari ini hari apa?** [Hari ini hari apa?]
Es …	**Hari ini …** [Hari ini …]
lunes	**Isnin** [Isnin]
martes	**Selasa** [Selasə]
miércoles	**Rabu** [Rabu]

jueves	**Khamis** [χamis]
viernes	**Jumaat** [dʒumaat]
sábado	**Sabtu** [Sabtu]
domingo	**Ahad** [Ahat]

Saludos. Presentaciones.

Hola.

Salam sejahtera.
[Salam sedʒahtera.]

Encantado /Encantada/ de conocerle.

Saya senang berkenalan dengan anda.
[Sayə senaŋ berkenalan deŋan anda.]

Yo también.

Saya juga.
[Sayə dʒuga.]

Le presento a ...

Perkenalkan. Ini ...
[Perkenalkan. Ini ...]

Encantado.

Salam berkenalan.
[Salam berkenalan.]

¿Cómo está?

Apa khabar?
[Apə χabar?]

Me llamo ...

Nama saya ...
[Namə saya ...]

Se llama ...

Nama dia ...
[Namə dia ...]

Se llama ...

Nama dia ...
[Namə dia ...]

¿Cómo se llama (usted)?

Siapa nama anda?
[Siapə namə anda?]

¿Cómo se llama (él)?

Siapa namanya?
[Siapə namanya?]

¿Cómo se llama (ella)?

Siapa namanya?
[Siapə namanya?]

¿Cuál es su apellido?

Siapa nama keluarga anda?
[Siapə namə keluargə anda?]

Puede llamarme ...

Panggil saya ...
[Paŋgil saya ...]

¿De dónde es usted?

Anda dari mana?
[Andə dari mana?]

Yo soy de ....

Saya dari ...
[Sayə dari ...]

¿A qué se dedica?

Apa kerja anda?
[Apə kerdʒə anda?]

¿Quién es?

Siapa ini?
[Siapə ini?]

¿Quién es él?

Siapa dia?
[Siapə dia?]

¿Quién es ella?	**Siapa dia?**
	[Siapə dia?]
¿Quiénes son?	**Siapa mereka?**
	[Siapə mereka?]

Este es …	**Ini …**
	[Ini …]
mi amigo	**sahabat saya**
	[sahabat sayə]
mi amiga	**teman wanita saya**
	[teman wanitə sayə]
mi marido	**suami saya**
	[suami sayə]
mi mujer	**isteri saya**
	[isteri sayə]

mi padre	**bapa saya**
	[bapə sayə]
mi madre	**ibu saya**
	[ibu sayə]
mi hermano	**saudara saya**
	[saudarə sayə]
mi hermana	**sautara perempuan saya**
	[sautarə perempuan sayə]
mi hijo	**anak lelaki saya**
	[ana lelaki sayə]
mi hija	**anak perempuan saya**
	[ana perempuan sayə]

Este es nuestro hijo.	**Ini anak lelaki kami.**
	[Ini ana lelaki kami.]
Esta es nuestra hija.	**Ini anak perempuan kami.**
	[Ini ana perempuan kami.]
Estos son mis hijos.	**Ini anak-anak kami.**
	[Ini anak-ana kami.]

Despedidas

¡Adiós!	**Sampai jumpa lagi!** [Sampai ʤumpə lagi!]
¡Chau!	**Jumpa lagi!** [ʤumpə lagi!]
Hasta mañana.	**Sampai besok!** [Sampai besok!]
Hasta pronto.	**Sampai bertemu lagi!** [Sampai bertemu lagi!]
Te veo a las siete.	**Kita akan berjumpa pada pukul tujuh.** [Kitə akan berʤumpə padə pukul tuʤuh.]
¡Que se diviertan!	**Hiburkan diri!** [Hiburkan diri!]
Hablamos más tarde.	**Kita akan bercakap kemudian.** [Kitə akan berʧakap kemudian.]
Que tengas un buen fin de semana.	**Selamat menikmati penghujung minggu ini.** [Selamat menikmati penɣuʤuŋ miŋgu ini.]
Buenas noches.	**Selamat malam.** [Selamat malam.]
Es hora de irme.	**Masanya pulang.** [Masanyə pulaŋ.]
Tengo que irme.	**Saya harus pulang.** [Sayə harus pulaŋ.]
Ahora vuelvo.	**Saya akan balik sekejap lagi.** [Sayə akan bali sekeʤap lagi.]
Es tarde.	**Sudah larut malam.** [Sudah larut malam.]
Tengo que levantarme temprano.	**Saya perlu bangun pagi-pagi.** [Sayə perlu baŋun pagi-pagi.]
Me voy mañana.	**Besok saya pulang.** [Beso sayə pulaŋ.]
Nos vamos mañana.	**Besok kami pulang.** [Beso kami pulaŋ.]
¡Que tenga un buen viaje!	**Selamat jalan!** [Selamat ʤalan!]
Ha sido un placer.	**Senang berkenalan dengan anda.** [Senaŋ berkenalan deŋan anda.]

Fue un placer hablar con usted.

Senang bergaul dengan anda.
[Senaŋ bergaul deŋan anda.]

Gracias por todo.

Terima kasih atas segalanya.
[Terimə kasih atas segalanya.]

Lo he pasado muy bien.

Saya melepaskan masa dengan baik.
[Sayə melepaskan masə deŋan bai.]

Lo pasamos muy bien.

Kami melepaskan masa dengan baik.
[Kami melepaskan masə deŋan bai.]

Fue genial.

Segalanya bagus sekali.
[Segalanyə bagus sekali.]

Le voy a echar de menos.

Saya akan rindu.
[Sayə akan rindu.]

Le vamos a echar de menos.

Kami akan rindu.
[Kami akan rindu.]

¡Suerte!

Semoga berjaya!
[Semogə berdʒaya!]

Saludos a …

Sampaikan salam kepada …
[Sampaikan salam kepada …]

Idioma extranjero

No entiendo.	**Saya tidak faham.** [Sayə tida faham.]
Escríbalo, por favor.	**Silahkan tulis ini.** [Silahkan tulis ini.]
¿Habla usted ...?	**Anda boleh bercakap bahasa ...?** [Andə boleh bertʃakap bahasa ...?]
Hablo un poco de ...	**Saya bercakap sedikit bahasa ...** [Sayə bertʃakap sedikit bahasa ...]
inglés	**Inggeris** [Iŋgeris]
turco	**Turki** [Turki]
árabe	**Arab** [Arap]
francés	**Perancis** [Perantʃis]
alemán	**Jerman** [dʒerman]
italiano	**Itali** [Itali]
español	**Sepanyol** [Sepanyol]
portugués	**Portugis** [Portugis]
chino	**China** [ʃinə]
japonés	**Jepun** [dʒepun]
¿Puede repetirlo, por favor?	**Silahkan, ulangi ini.** [Silahkan, ulaŋi ini.]
Lo entiendo.	**Saya faham.** [Sayə faham.]
No entiendo.	**Saya tidak faham.** [Sayə tida faham.]
Hable más despacio, por favor.	**Silahkan, cakap perlahan.** [Silahkan, tʃakap perlahan.]
¿Está bien?	**Itu betul?** [Itu betul?]
¿Qué es esto? (¿Que significa esto?)	**Apa ini? (Perkataan apa ini?)** [Apə ini? Perkataan apə ini?]

Disculpas

Perdone, por favor.	**Silahkan maaf.** [Silahkan maaf.]
Lo siento.	**Saya merasa kesal.** [Sayǝ merasǝ kesal.]
Lo siento mucho.	**Saya betul-betul merasa kesal.** [Sayǝ betul-betul merasǝ kesal.]
Perdón, fue culpa mía.	**Maaf, itu salah saya.** [Maaf, itu salah saya.]
Culpa mía.	**Salah saya.** [Salah saya.]
¿Puedo ...?	**Boleh saya ...?** [Boleh saya ...?]
¿Le molesta si ...?	**Anda tidak berkeberatan kalau saya ...?** [Andǝ tida berkeberatan kalau saya ...?]
¡No hay problema! (No pasa nada.)	**Tidak apa-apa.** [Tida apa-apa.]
Todo está bien.	**Segalanya OK.** [Segalanyǝ okej.]
No se preocupe.	**Jangan bimbang.** [dʒaŋan bimbaŋ.]

Acuerdos

Sí.	**Ya** [Ya.]
Sí, claro.	**Ya, tentu.** [Ya, tentu.]
Bien.	**Baik!** [Baik!]
Muy bien.	**Baik sekali!** [Bai sekali!]
¡Claro que sí!	**Tentu!** [Tentu!]
Estoy de acuerdo.	**Saya setuju.** [Sayə setudʒu.]
Es verdad.	**Betul.** [Betul.]
Es correcto.	**Betul.** [Betul.]
Tiene razón.	**Anda betul.** [Andə betul.]
No me molesta.	**Saya tidak berkeberatan.** [Sayə tida berkeberatan.]
Es completamente cierto.	**Sama sekali betul.** [Samə sekali betul.]
Es posible.	**Itu mungkin.** [Itu muŋkin.]
Es una buena idea.	**Itu idea baik.** [Itu ideə bai.]
No puedo decir que no.	**Saya tidak boleh menolak.** [Sayə tida boleh menola.]
Estaré encantado /encantada/.	**Saya akan senang sekali.** [Sayə akan senaŋ sekali.]
Será un placer.	**Dengan senang.** [Deŋan senaŋ.]

Rechazo. Expresar duda

No.	**Tidak.** [Tida.]
Claro que no.	**Tentu tidak.** [Tentu tida.]
No estoy de acuerdo.	**Saya tidak setuju.** [Sayə tida setudʒu.]
No lo creo.	**Saya tidak fikir begitu.** [Sayə tida fikir begitu.]
No es verdad.	**Itu tidak betul.** [Itu tida betul.]
No tiene razón.	**Anda tidak betul.** [Andə tida betul.]
Creo que no tiene razón.	**Saya fikir anda tidak betul.** [Sayə fikir andə tida betul.]
No estoy seguro /segura/.	**Saya ragu-ragu.** [Sayə ragu-ragu.]
No es posible.	**Itu mustahil.** [Itu mustahil.]
¡Nada de eso!	**Sama sekali tidak!** [Samə sekali tidak!]
Justo lo contrario.	**Sebaliknya!** [Sebaliknya!]
Estoy en contra de ello.	**Saya berkeberatan.** [Sayə berkeberatan.]
No me importa. (Me da igual.)	**Untuk saya sama saja.** [Untu sayə samə sadʒa.]
No tengo ni idea.	**Saya tidak tahu-menahu.** [Sayə tida tahu-menahu.]
Dudo que sea así.	**Ragu-ragu itu.** [Ragu-ragu itu.]
Lo siento, no puedo.	**Maaf saya tidak boleh.** [Maaf sayə tida boleh.]
Lo siento, no quiero.	**Maaf, saya tidak mahu.** [Maaf, sayə tida mahu.]
Gracias, pero no lo necesito.	**Terima kasih, saya tidak memerlukan itu.** [Terimə kasih, sayə tida memerlukan itu.]

Ya es tarde.

Sudah larut malam.
[Sudah larut malam.]

Tengo que levantarme temprano.

Saya harus bangun pagi-pagi.
[Sayə harus baŋun pagi-pagi.]

Me encuentro mal.

Saya kurang enak badan.
[Sayə kuraŋ ena badan.]

Expresar gratitud

Gracias.	**Terima kasih.** [Terimə kasih.]
Muchas gracias.	**Terima kasih banyak.** [Terimə kasih banya.]
De verdad lo aprecio.	**Saya sangat bersyukur.** [Sayə saŋat berçukur.]
Se lo agradezco.	**Saya sangat berterima kasih** **kepada anda.** [Sayə saŋat berterimə kasih kepadə anda.]
Se lo agradecemos.	**Kami sangat berterima kasih** **kepada anda.** [Kami saŋat berterimə kasih kepadə anda.]

Gracias por su tiempo.	**Terima kasih kerana menghabiskan** **masa.** [Terimə kasih keranə menɣabiskan masa.]
Gracias por todo.	**Terima kasih atas segalanya.** [Terimə kasih atas segalanya.]
Gracias por …	**Terima kasih atas …** [Terimə kasih atas …]
su ayuda	**bantuan anda** [bantuan andə]
tan agradable momento	**masa yang baik** [masə yaŋ bai]

una comida estupenda	**makanan yang sedap** [makanan yaŋ sedap]
una velada tan agradable	**malam yang indah** [malam yaŋ indah]
un día maravilloso	**hari yang menyenangkan** [hari yaŋ menyenaŋkan]
un viaje increíble	**darmawisata yang seronok** [darmawisatə yaŋ serono]

No hay de qué.	**Sama-sama.** [Sama-sama.]
De nada.	**Sama-sama.** [Sama-sama.]
Siempre a su disposición.	**Selalu sedia.** [Selalu sedia.]

Encantado /Encantada/ de ayudarle.

Saya senang membantu.
[Sayə senaŋ membantu.]

No hay de qué.

Lupakan saja. Segalanya OK.
[Lupakan sadʒa. Segalanyə okej.]

No tiene importancia.

Jangan susah.
[dʒaŋan susah.]

Felicitaciones , Mejores Deseos

¡Felicidades! **Tahniah!**
[Tahniah!]

¡Feliz Cumpleaños! **Selamat Hari Jadi!**
[Selamat Hari dʒadi!]

¡Feliz Navidad! **Selamat Hari Krismas!**
[Selamat Hari Krismas!]

¡Feliz Año Nuevo! **Selamat Tahun Baru!**
[Selamat Tahun Baru!]

¡Felices Pascuas! **Selamat Hari Easter!**
[Selamat Hari Easter!]

¡Feliz Hanukkah! **Selamat Hanukkah!**
[Selamat Hanukka!]

Quiero brindar. **Saya nak mengajukan minum ucap selamat.**
[Sayə na meŋadʒukan minum utʃap selamat.]

¡Salud! **Untuk kesihatan anda!**
[Untu kesihatan anda!]

¡Brindemos por ...! **Mari minum untuk kesihatan ...!**
[Mari minum untu kesihatan ...!]

¡A nuestro éxito! **Untuk kejayaan kita!**
[Untu kedʒayaan kita!]

¡A su éxito! **Untuk kejayaan anda!**
[Untu kedʒayaan anda!]

¡Suerte! **Selamat berjaya!**
[Selamat berdʒaya!]

¡Que tenga un buen día! **Semoga hari anda baik sahaja!**
[Semogə hari andə bai sahadʒa!]

¡Que tenga unas buenas vacaciones! **Selamat berehat!**
[Selamat berehat!]

¡Que tenga un buen viaje! **Selamat jalan!**
[Selamat dʒalan!]

¡Espero que se recupere pronto! **Semoga anda cepat sembuh!**
[Semogə andə tʃepat sembuh!]

Socializarse

¿Por qué está triste?	**Mengapa anda sedih?** [Meŋapə andə sedih?]
¡Sonría! ¡Anímese!	**Senyumlah!** [Senyumlah!]
¿Está libre esta noche?	**Anda ada lapang malam ini?** [Andə adə lapaŋ malam ini?]
¿Puedo ofrecerle algo de beber?	**Boleh saya menawarkan anda minum sesuatu?** [Boleh sayə menawarkan andə minum sesuatu?]
¿Querría bailar conmigo?	**Mahu menari?** [Mahu menari?]
Vamos a ir al cine.	**Mari pergi tengok filem.** [Mari pergi teŋo filem.]
¿Puedo invitarle a ...?	**Boleh saya mempelawa anda ke ...?** [Boleh sayə mempelawə andə ke ...?]
un restaurante	**restoran** [restoran]
el cine	**pawagam** [pawagam]
el teatro	**teater** [teater]
dar una vuelta	**berjalan-jalan** [berdʒalan-dʒalan]
¿A qué hora?	**Pukul berapa?** [Pukul berapa?]
esta noche	**malam ini** [malam ini]
a las seis	**pukul enam** [pukul enam]
a las siete	**pukul tujuh** [pukul tudʒuh]
a las ocho	**pukul lapan** [pukul lapan]
a las nueve	**pukul sembilan** [pukul sembilan]

¿Le gusta este lugar?

Anda suka di sini?
[Andə sukə di sini?]

¿Está aquí con alguien?

Anda di sini bersama dengan seseorang?
[Andə di sini bersamə deŋan seseoraŋ?]

Estoy con mi amigo /amiga/.

Saya bersama dengan teman/ teman wanita.
[Sayə bersamə deŋan teman/ teman wanita.]

Estoy con amigos.

Saya bersama dengan kawan-kawan.
[Sayə bersamə deŋan kawan-kawan.]

No, estoy solo /sola/.

Saya seorang diri.
[Sayə seoraŋ diri.]

¿Tienes novio?

Awak ada sahabat?
[Awa adə sahabat?]

Tengo novio.

Saya ada sahabat.
[Sayə adə sahabat.]

¿Tienes novia?

Awak ada teman wanita?
[Awa adə teman wanita?]

Tengo novia.

Saya ada teman wanita.
[Sayə adə teman wanita.]

¿Te puedo volver a ver?

Kita akan berjumpa lagi?
[Kitə akan berdʒumpə lagi?]

¿Te puedo llamar?

Boleh saya telefon kepada awak?
[Boleh sayə telefon kepadə awak?]

Llámame.

Telefon kepada saya.
[Telefon kepadə saya.]

¿Cuál es tu número?

Nombor berapa telefon awak?
[Nombor berapə telefon awak?]

Te echo de menos.

Saya rindu awak.
[Sayə rindu awa.]

¡Qué nombre tan bonito!

Nama anda sangat cantik.
[Namə andə saŋat tʃanti.]

Te quiero.

Saya cinta padamu.
[Sayə tʃintə padamu.]

¿Te casarías conmigo?

Kahwinlah saya.
[Kahwinlah saya.]

¡Está de broma!

Anda bergurau!
[Andə bergurau!]

Sólo estoy bromeando.

Saya bergurau saja.
[Sayə bergurau sadʒa.]

¿En serio?

Anda serius?
[Andə serius?]

Lo digo en serio.

Saya serius.
[Sayə serius.]

¿De verdad?

Betulkah?!
[Betulkah?!]

¡Es increíble!	**Sukar dipercayai!** [Sukar dipertʃayai!]
No le creo.	**Saya tidak percaya kepada anda.** [Sayə tida pertʃayə kepadə anda.]

No puedo.	**Saya tidak boleh.** [Sayə tida boleh.]
No lo sé.	**Saya tidak tahu.** [Sayə tida tahu.]
No le entiendo.	**Saya tidak memahami anda.** [Sayə tida memahami anda.]
Váyase, por favor.	**Silahkan pergi.** [Silahkan pergi.]
¡Déjeme en paz!	**Tinggalkan saya!** [Tiŋgalkan saya!]

Es inaguantable.	**Saya membencinya.** [Sayə membentʃinya.]
¡Es un asqueroso!	**Anda jijik!** [Andə dʒidʒik!]
¡Llamaré a la policía!	**Saya akan panggil polis!** [Sayə akan paŋgil polis!]

Compartir impresiones. Emociones

Me gusta.	**Saya suka ini.** [Sayə sukə ini.]
Muy lindo.	**Sangat elok.** [Saŋat elo.]
¡Es genial!	**Ini hebat!** [Ini hebat!]
No está mal.	**Ini agak baik.** [Ini aga bai.]

No me gusta.	**Saya tidak suka ini.** [Sayə tida sukə ini.]
No está bien.	**Ini kurang baik.** [Ini kuraŋ bai.]
Está mal.	**Ini buruk.** [Ini buru.]
Está muy mal.	**Ini buruk sekali.** [Ini buru sekali.]
¡Qué asco!	**Ini jijik.** [Ini ʤiʤi.]

Estoy feliz.	**Saya berbahagia.** [Sayə berbahagia.]
Estoy contento /contenta/.	**Saya puas.** [Sayə puas.]
Estoy enamorado /enamorada/.	**Saya jatuh cinta.** [Sayə ʤatuh tʃinta.]
Estoy tranquilo.	**Saya tenang.** [Sayə tenaŋ.]
Estoy aburrido.	**Saya merasa bosan.** [Sayə merasə bosan.]

Estoy cansado /cansada/.	**Saya letih.** [Sayə letih.]
Estoy triste.	**Saya sedih.** [Sayə sedih.]
Estoy asustado.	**Saya takut.** [Sayə takut.]
Estoy enfadado /enfadada/.	**Saya marah.** [Sayə marah.]

Estoy preocupado /preocupada/.	**Saya khuatir.** [Sayə χuatir.]
Estoy nervioso /nerviosa/.	**Saya gementar.** [Sayə gementar.]

Estoy celoso /celosa/.

Saya cemburu.
[Sayə ʧemburu.]

Estoy sorprendido /sorprendida/.

Saya hairan.
[Sayə hairan.]

Estoy perplejo /perpleja/.

Saya bingung.
[Sayə biŋuŋ.]

Problemas, Accidentes

Tengo un problema.	**Saya ada masalah.** [Sayə adə masalah.]
Tenemos un problema.	**Kami ada masalah.** [Kami adə masalah.]
Estoy perdido /perdida/.	**Saya sesat jalan.** [Sayə sesat dʒalan.]
Perdí el último autobús (tren).	**Saya tertinggal bas yang terakhir.** [Sayə tertiŋgal bas yaŋ teraχir.]
No me queda más dinero.	**Saya menghabiskan segala wang.** [Sayə menχabiskan segalə waŋ.]

He perdido …	**Saya kehilangan …** [Sayə kehilaŋan …]
Me han robado …	**Saya kecurian …** [Sayə ketʃurian …]
mi pasaporte	**pasport** [pasport]
mi cartera	**dompet** [dompet]
mis papeles	**kad pengenalan** [kat peŋenalan]
mi billete	**tiket** [tiket]

mi dinero	**wang** [waŋ]
mi bolso	**beg** [beg]
mi cámara	**kamera** [kamerə]
mi portátil	**komputer riba** [komputer ribə]
mi tableta	**komputer tablet** [komputer tablet]
mi teléfono	**telefon bimbit** [telefon bimbit]

¡Ayúdeme!	**Tolong!** [Toloŋ!]
¿Qué pasó?	**Apa terjadi?** [Apə terdʒadi?]
el incendio	**kebakaran** [kebakaran]

un tiroteo	**tembakan**
	[tembakan]
el asesinato	**pembunuhan**
	[pembunuhan]
una explosión	**ledakan**
	[ledakan]
una pelea	**perkelahian**
	[perkelahian]

¡Llame a la policía!	**Panggil polis!**
	[Paŋgil polis!]
¡Más rápido, por favor!	**Silahkan, cepat!**
	[Silahkan, ʧepat!]
Busco la comisaría.	**Saya cari balai polis.**
	[Sayə ʧari balai polis.]
Tengo que hacer una llamada.	**Saya perlu telefon.**
	[Sayə perlu telefon.]
¿Puedo usar su teléfono?	**Boleh saya telefon?**
	[Boleh sayə telefon?]

Me han ...	**Saya ...**
	[Sayə ...]
asaltado /asaltada/	**dirompak**
	[dirompa]
robado /robada/	**kecurian**
	[keʧurian]
violada	**diperkosa**
	[diperkosə]
atacado /atacada/	**dipukul**
	[dipukul]

¿Se encuentra bien?	**Anda OK?**
	[Andə okej?]
¿Ha visto quien a sido?	**Anda melihat, siapa tadi itu?**
	[Andə melihat, siapə tadi itu?]
¿Sería capaz de reconocer a la persona?	**Anda boleh mengenalinya?**
	[Andə boleh meŋenalinya?]
¿Está usted seguro?	**Anda benar-benar pasti?**
	[Andə benar-benar pasti?]

Por favor, cálmese.	**Silahkan tenang.**
	[Silahkan tenaŋ.]
¡Cálmese!	**Jangan ambil berat!**
	[dʒaŋan ambil berat!]
¡No se preocupe!	**Jangan khuatir.**
	[dʒaŋan χuatir.]
Todo irá bien.	**Segalanya akan berakhir baik.**
	[Segalanyə akan beraχir bai.]
Todo está bien.	**Segalanya OK.**
	[Segalanyə okej.]
Venga aquí, por favor.	**Silahkan datang ke sini.**
	[Silahkan dataŋ ke sini.]

Tengo unas preguntas para usted.

Saya ada beberapa soalan untuk anda.
[Sayə adə beberapə soalan untu anda.]

Espere un momento, por favor.

Tolong tunggu sekejap.
[Toloŋ tuŋgu sekedʒap.]

¿Tiene un documento de identidad?

Anda ada kad pengenalan?
[Andə adə kat peŋenalan?]

Gracias. Puede irse ahora.

Terima kasih. Anda boleh pergi.
[Terimə kasih. Andə boleh pergi.]

¡Manos detrás de la cabeza!

Tangan ke belakang kepala!
[Taŋan ke belakaŋ kepala!]

¡Está arrestado!

Anda ditangkap!
[Andə ditaŋkap!]

Problemas de salud

Ayudeme, por favor.

Silahkan tolong.
[Silahkan toloŋ.]

No me encuentro bien.

Saya kurang sihat.
[Sayə kuraŋ sihat.]

Mi marido no se encuentra bien.

Suami saya kurang sihat.
[Suami sayə kuraŋ sihat.]

Mi hijo …

Anak lelaki saya …
[Ana lelaki sayə …]

Mi padre …

Bapa saya …
[Bapə sayə …]

Mi mujer no se encuentra bien.

Isteri saya kurang sihat.
[Isteri sayə kuraŋ sihat.]

Mi hija …

Anak perempuan saya …
[Ana perempuan sayə …]

Mi madre …

Ibu saya …
[Ibu sayə …]

Me duele …

… saya sakit.
[… sayə sakit.]

la cabeza

kepala
[kepalə]

la garganta

tekak
[teka]

el estómago

perut
[perut]

un diente

gigi
[gigi]

Estoy mareado.

Kepala saya pusing.
[Kepalə sayə pusiŋ.]

Él tiene fiebre.

Dia demam.
[Diə demam.]

Ella tiene fiebre.

Dia demam.
[Diə demam.]

No puedo respirar.

Saya susah nafas.
[Sayə susah nafas.]

Me ahogo.

Saya semput.
[Sayə semput.]

Tengo asma.

Saya mengidap sakit lelah.
[Sayə meŋidap sakit lelah.]

Tengo diabetes.

Saya mengidap diabetis.
[Sayə meŋidap diabetis.]

No puedo dormir.

Saya kurang tidur.
[Sayə kuraŋ tidur.]

intoxicación alimentaria

keracunan makanan
[keratʃunan makanan]

Me duele aquí.

Sakit di sini.
[Sakit di sini.]

¡Ayúdeme!

Tolong!
[Toloŋ!]

¡Estoy aquí!

Saya di sini!
[Sayə di sini!]

¡Estamos aquí!

Kami di sini!
[Kami di sini!]

¡Saquenme de aquí!

Keluarkan saya dari sini!
[Keluarkan sayə dari sini!]

Necesito un médico.

Saya perlukan doktor.
[Sayə perlukan doktor.]

No me puedo mover.

Saya tidak boleh bergerak.
[Sayə tida boleh bergera.]

No puedo mover mis piernas.

Saya tidak boleh menggerakkan kaki.
[Sayə tida boleh meŋgerakkan kaki.]

Tengo una herida.

Saya cedera.
[Sayə tʃedera.]

¿Es grave?

Adakah itu serius?
[Adakah itu serius?]

Mis documentos están en mi bolsillo.

Kad pengenalan saya di dalam saku.
[Kat peŋenalan sayə di dalam saku.]

¡Cálmese!

Tenang saja!
[Tenaŋ sadʒa!]

¿Puedo usar su teléfono?

Boleh saya telefon?
[Boleh sayə telefon?]

¡Llame a una ambulancia!

Panggil ambulans!
[Paŋgil ambulans!]

¡Es urgente!

Itu segera!
[Itu segera!]

¡Es una emergencia!

Itu sangat segera!
[Itu saŋat segera!]

¡Más rápido, por favor!

Silahkan, segera!
[Silahkan, segera!]

¿Puede llamar a un médico, por favor?

Silahkan panggil doktor.
[Silahkan paŋgil doktor.]

¿Dónde está el hospital?

Beritahulah, di mana hospital.
[Beritahulah, di manə hospital.]

¿Cómo se siente?

Bagaimana anda rasa?
[Bagaimanə andə rasa?]

¿Se encuentra bien?

Segalanya OK dengan anda?
[Segalanyə okej deŋan anda?]

¿Qué pasó?

Apa terjadi?
[Apə terdʒadi?]

Me encuentro mejor.   **Saya sudah merasa lebih baik.**
                              [Sayə sudah merasə lebih bai.]

Está bien.   **Segalanya beres.**
                              [Segalanyə beres.]

Todo está bien.   **Segalanya baik.**
                              [Segalanyə bai.]

En la farmacia

la farmacia	**kedai ubat** [kedai ubat]
la farmacia 24 horas	**kedai ubat 24 jam** [kedai ubat dua puluh empat dʒam]
¿Dónde está la farmacia más cercana?	**Di mada kedai ubat terdekat?** [Di madə kedai ubat terdekat?]
¿Está abierta ahora?	**la sekarang buka?** [lə sekaraŋ buka?]
¿A qué hora abre?	**Pukul berapa ia buka?** [Pukul berapə iə buka?]
¿A qué hora cierra?	**Sampai pukul berapa ia buka?** [Sampai pukul berapə iə buka?]
¿Está lejos?	**Ini jauh?** [Ini dʒauh?]
¿Puedo llegar a pie?	**Boleh saya sampai ke situ dengan berjalan kaki?** [Boleh sayə sampai ke situ deŋan berdʒalan kaki?]
¿Puede mostrarme en el mapa?	**Silahkan tunjukkan di peta.** [Silahkan tundʒukkan di peta.]
Por favor, deme algo para …	**Bagi saya sesuatu untuk …** [Bagi sayə sesuatu untu …]
un dolor de cabeza	**sakit kepala** [sakit kepalə]
la tos	**batuk** [batu]
el resfriado	**masuk angin** [masu aŋin]
la gripe	**selesema** [seleseimə]
la fiebre	**demam** [demam]
un dolor de estomago	**sakit gaster** [sakit gaster]
nauseas	**muntah** [muntah]
la diarrea	**cirit-birit** [tʃirit-birit]
el estreñimiento	**konstipasi** [konstipasi]

un dolor de espalda	**sakit di belakang** [sakit di belakaŋ]
un dolor de pecho	**sakit di dada** [sakit di dadə]
el flato	**sakit di rusuk** [sakit di rusu]
un dolor abdominal	**sakit perut** [sakit perut]
la píldora	**pil** [pil]
la crema	**salep** [salep]
el jarabe	**sirap** [sirap]
el spray	**penyembur** [penyembur]
las gotas	**tetes** [tetes]
Tiene que ir al hospital.	**Anda perlu pergi ke hospital.** [Andə perlu pergi ke hospital.]
el seguro de salud	**insurans** [insurans]
la receta	**preskripsi** [preskripsi]
el repelente de insectos	**penghalau serangga** [penɣalau seraŋgə]
la curita	**plaster** [plaster]

Lo más imprescindible

Perdone, …	**Maaf, …** [Maaf, …]
Hola.	**Salam sejahtera.** [Salam sedʒahtera.]
Gracias.	**Terima kasih.** [Terimə kasih.]

Sí.	**Ya.** [Ya.]
No.	**Tidak.** [Tida.]
No lo sé.	**Saya tidak tahu.** [Sayə tida tahu.]
¿Dónde? | ¿A dónde? | ¿Cuándo?	**Di mana? | Ke mana? | Bila?** [Di mana? | Ke mana? | Bila?]

Necesito …	**Saya perlukan …** [Sayə perlukan …]
Quiero …	**Saya mahu …** [Sayə mahu …]
¿Tiene …?	**Anda ada …?** [Andə ada …?]
¿Hay … por aquí?	**Di sini ada …?** [Di sini ada …?]
¿Puedo …?	**Boleh saya …?** [Boleh saya …?]
…, por favor? (petición educada)	**Silahkan** [Silahkan]

Busco …	**Saya cari …** [Sayə tʃari …]
el servicio	**tandas** [tandas]
un cajero automático	**ATM** [ateem]
una farmacia	**kedai ubat** [kedai ubat]
el hospital	**hospital** [hospital]

la comisaría	**balai polis** [balai polis]
el metro	**LRT** [elerte]

un taxi	**teksi** [teksi]
la estación de tren	**stesen kereta api** [stesen keretə api]

Me llamo …	**Nama saya …** [Namə saya …]
¿Cómo se llama?	**Siapa nama anda?** [Siapə namə anda?]
¿Puede ayudarme, por favor?	**Silahkan tolong saya.** [Silahkan toloŋ saya.]
Tengo un problema.	**Saya ada masalah.** [Sayə adə masalah.]
Me encuentro mal.	**Saya kurang enak badan.** [Sayə kuraŋ ena badan.]
¡Llame a una ambulancia!	**Tolong panggil ambulans!** [Toloŋ paŋgil ambulans!]
¿Puedo llamar, por favor?	**Boleh saya telefon?** [Boleh sayə telefon?]

Lo siento.	**Maaf** [Maaf]
De nada.	**Sama-sama** [Sama-samə]

Yo	**saya** [sayə]
tú	**awak** [awa]
él	**dia** [diə]
ella	**dia** [diə]
ellos	**mereka** [merekə]
ellas	**mereka** [merekə]
nosotros /nosotras/	**kita, kami** [kita, kami]
ustedes, vosotros	**kamu sekalian** [kamu sekalian]
usted	**Anda** [Andə]

ENTRADA	**MASUK** [masu]
SALIDA	**keluar** [keluar]
FUERA DE SERVICIO	**rosak** [rosa]
CERRADO	**tutup** [tutup]

ABIERTO

BUKA
[bukə]

PARA SEÑORAS

untuk perempuan
[untu perempuan]

PARA CABALLEROS

untuk lelaki
[untu lelaki]

MINI DICCIONARIO

Esta sección contiene 250
palabras útiles necesarias
para la comunicación diaria.
Encontrará ahí los nombres
de los meses y de los días
de la semana.
El diccionario también
contiene temas relevantes
tales como colores, medidas,
familia, y más

T&P Books Publishing

CONTENIDO
DEL DICCIONARIO

T&P Books Publishing

tiempo (m)	masa	[masə]
hora (f)	jam	[dʒam]
media hora (f)	separuh jam	[sɛparuh dʒam]
minuto (m)	minit	[minit]
segundo (m)	saat	[saat]
hoy (adv)	hari ini	[hari ini]
mañana (adv)	besok	[beso]
ayer (adv)	semalam	[sɛmalam]
lunes (m)	Hari Isnin	[hari isnin]
martes (m)	Hari Selasa	[hari sɛlasə]
miércoles (m)	Hari Rabu	[hari rabu]
jueves (m)	Hari Khamis	[hari kamis]
viernes (m)	Hari Jumaat	[hari dʒumaat]
sábado (m)	Hari Sabtu	[hari sabtu]
domingo (m)	Hari Ahad	[hari ahad]
día (m)	hari	[hari]
día (m) de trabajo	hari kerja	[hari kɛrdʒə]
día (m) de fiesta	cuti umum	[ʧuti umum]
fin (m) de semana	hujung minggu	[hudʒuŋ miŋgu]
semana (f)	minggu	[miŋgu]
semana (f) pasada	pada minggu lepas	[pada miŋgu lɛpas]
semana (f) que viene	pada minggu berikutnya	[pada miŋgu bɛrikutnjə]
por la mañana	pagi hari	[pagi hari]
por la tarde	petang hari	[pɛtaŋ hari]
por la noche	pada waktu petang	[pada vaktu pɛtaŋ]
esta noche	petang ini	[pɛtaŋ ini]
(p.ej. 8:00 p.m.)		
por la noche	pada malam	[pada malam]
medianoche (f)	tengah malam	[tɛŋah malam]
enero (m)	Januari	[dʒanuari]
febrero (m)	Februari	[februari]
marzo (m)	Mac	[maʧ]
abril (m)	April	[april]
mayo (m)	Mei	[mej]
junio (m)	Jun	[dʒun]
julio (m)	Julai	[dʒulaj]
agosto (m)	Ogos	[ogos]

septiembre (m)	**September**	[septembɛr]
octubre (m)	**Oktober**	[oktobɛr]
noviembre (m)	**November**	[novembɛr]
diciembre (m)	**Disember**	[disembɛr]

en primavera	**pada musim bunga**	[pada musim buŋə]
en verano	**pada musim panas**	[pada musim panas]
en otoño	**pada musim gugur**	[pada musim gugur]
en invierno	**pada musim sejuk**	[pada musim sɛʤu]

mes (m)	**bulan**	[bulan]
estación (f)	**musim**	[musim]
año (m)	**tahun**	[tahun]

2. Números. Los numerales

cero	**sifar**	[sifar]
uno	**satu**	[satu]
dos	**dua**	[duə]
tres	**tiga**	[tigə]
cuatro	**empat**	[ɛmpat]

cinco	**lima**	[limə]
seis	**enam**	[ɛnam]
siete	**tujuh**	[tuʤuh]
ocho	**lapan**	[lapan]
nueve	**sembilan**	[sɛmbilan]
diez	**sepuluh**	[sɛpuluh]

once	**sebelas**	[sɛblas]
doce	**dua belas**	[dua blas]
trece	**tiga belas**	[tiga blas]
catorce	**empat belas**	[ɛmpat blas]
quince	**lima belas**	[lima blas]

dieciséis	**enam belas**	[ɛnam blas]
diecisiete	**tujuh belas**	[tuʤuh blas]
dieciocho	**lapan belas**	[lapan blas]
diecinueve	**sembilan belas**	[sɛmbilan blas]

veinte	**dua puluh**	[dua puluh]
treinta	**tiga puluh**	[tiga puluh]
cuarenta	**empat puluh**	[ɛmpat puluh]
cincuenta	**lima puluh**	[lima puluh]

sesenta	**enam puluh**	[ɛnam puluh]
setenta	**tujuh puluh**	[tuʤuh puluh]
ochenta	**lapan puluh**	[lapan puluh]
noventa	**sembilan puluh**	[sɛmbilan puluh]
cien	**seratus**	[sɛratus]

doscientos	**dua ratus**	[dua ratus]
trescientos	**tiga ratus**	[tiga ratus]
cuatrocientos	**empat ratus**	[ɛmpat ratus]
quinientos	**lima ratus**	[lima ratus]
seiscientos	**enam ratus**	[ɛnam ratus]
setecientos	**tujuh ratus**	[tudʒuh ratus]
ochocientos	**lapan ratus**	[lapan ratus]
novecientos	**sembilan ratus**	[sɛmbilan ratus]
mil	**seribu**	[sɛribu]
diez mil	**sepuluh ribu**	[sɛpuluh ribu]
cien mil	**seratus ribu**	[sɛratus ribu]
millón (m)	**juta**	[dʒutə]
mil millones	**billion**	[billion]

3. El ser humano. Los familiares

hombre (m) (varón)	**lelaki**	[lɛlaki]
joven (m)	**pemuda**	[pɛmudə]
mujer (f)	**perempuan**	[pɛrɛmpuan]
muchacha (f)	**gadis**	[gadis]
anciano (m)	**lelaki tua**	[lɛlaki tuə]
anciana (f)	**perempuan tua**	[pɛrɛmpuan tuə]
madre (f)	**ibu**	[ibu]
padre (m)	**bapa**	[bapə]
hijo (m)	**anak lelaki**	[anak lɛlaki]
hija (f)	**anak perempuan**	[anak pɛrɛmpuan]
hermano (m)	**saudara**	[saudarə]
hermana (f)	**saudara perempuan**	[saudara pɛrɛmpuan]
padres (pl)	**ibu bapa**	[ibu bapə]
niño -a (m, f)	**anak**	[ana]
niños (pl)	**anak-anak**	[anak ana]
madrastra (f)	**ibu tiri**	[ibu tiri]
padrastro (m)	**bapa tiri**	[bapa tiri]
abuela (f)	**nenek**	[nene]
abuelo (m)	**datuk**	[datu]
nieto (m)	**cucu lelaki**	[tʃutʃu lɛlaki]
nieta (f)	**cucu perempuan**	[tʃutʃu pɛrɛmpuan]
nietos (pl)	**cucu-cicit**	[tʃutʃu tʃitʃit]
tío (m)	**pak cik**	[pak tʃi]
tía (f)	**mak cik**	[mak tʃi]
sobrino (m)	**anak saudara lelaki**	[anak saudara lɛlaki]
sobrina (f)	**anak saudara perempuan**	[anak saudara pɛrɛmpuan]

mujer (f)	**isteri**	[istri]
marido (m)	**suami**	[suami]
casado (adj)	**berkahwin, beristeri**	[bɛrkahvin], [bɛristri]
casada (adj)	**berkahwin, bersuami**	[bɛrkahvin], [bɛrsuami]
viuda (f)	**balu**	[balu]
viudo (m)	**duda**	[dudə]
nombre (m)	**nama**	[namə]
apellido (m)	**nama keluarga**	[nama kɛluargə]
pariente (m)	**saudara**	[saudarə]
amigo (m)	**sahabat**	[sahabat]
amistad (f)	**persahabatan**	[pɛrsahabatan]
compañero (m)	**rakan**	[rakan]
superior (m)	**kepala**	[kɛpalə]
colega (m, f)	**rakan**	[rakan]
vecinos (pl)	**jiran**	[dʒiran]

4. El cuerpo. La anatomía humana

cuerpo (m)	**badan**	[badan]
corazón (m)	**jantung**	[dʒantuŋ]
sangre (f)	**darah**	[darah]
cerebro (m)	**otak**	[ota]
hueso (m)	**tulang**	[tulaŋ]
columna (f) vertebral	**tulang belakang**	[tulaŋ blakaŋ]
costilla (f)	**tulang rusuk**	[tulaŋ rusu]
pulmones (m pl)	**paru-paru**	[paru paru]
piel (f)	**kulit**	[kulit]
cabeza (f)	**kepala**	[kɛpalə]
cara (f)	**muka**	[mukə]
nariz (f)	**hidung**	[hiduŋ]
frente (f)	**dahi**	[dahi]
mejilla (f)	**pipi**	[pipi]
boca (f)	**mulut**	[mulut]
lengua (f)	**lidah**	[lidah]
diente (m)	**gigi**	[gigi]
labios (m pl)	**bibir**	[bibir]
mentón (m)	**dagu**	[dagu]
oreja (f)	**telinga**	[tɛliŋə]
cuello (m)	**leher**	[leher]
ojo (m)	**mata**	[matə]
pupila (f)	**anak mata**	[anak matə]
ceja (f)	**kening**	[kɛniŋ]
pestaña (f)	**bulu mata**	[bulu matə]

pelo, cabello (m)	**rambut**	[rambut]
peinado (m)	**potongan rambut**	[potoŋan rambut]
bigote (m)	**misai**	[misaj]
barba (f)	**janggut**	[ʤaŋgut]
tener (~ la barba)	**memelihara**	[mɛmɛliharə]
calvo (adj)	**botak**	[bota]
mano (f)	**tangan**	[taŋan]
brazo (m)	**lengan**	[lɛŋan]
dedo (m)	**jari**	[ʤari]
uña (f)	**kuku**	[kuku]
palma (f)	**telapak**	[tɛlapa]
hombro (m)	**bahu**	[bahu]
pierna (f)	**kaki**	[kaki]
rodilla (f)	**lutut**	[lutut]
talón (m)	**tumit**	[tumit]
espalda (f)	**belakang**	[blakaŋ]

5. La ropa. Accesorios personales

ropa (f)	**pakaian**	[pakajan]
abrigo (m)	**kot luaran**	[kot luaran]
abrigo (m) de piel	**kot bulu**	[kot bulu]
cazadora (f)	**jaket**	[ʤaket]
impermeable (m)	**baju hujan**	[baʤu huʤan]
camisa (f)	**baju**	[baʤu]
pantalones (m pl)	**seluar**	[sɛluar]
chaqueta (f), saco (m)	**jaket**	[ʤaket]
traje (m)	**suit**	[suit]
vestido (m)	**gaun**	[gaun]
falda (f)	**skirt**	[skirt]
camiseta (f) (T-shirt)	**baju kaus**	[baʤu kaus]
bata (f) de baño	**jubah mandi**	[ʤubah mandi]
pijama (m)	**pijama**	[piʤamə]
ropa (f) de trabajo	**pakaian kerja**	[pakajan kɛrʤə]
ropa (f) interior	**pakaian dalam**	[pakajan dalam]
calcetines (m pl)	**sok**	[so]
sostén (m)	**kutang**	[kutaŋ]
pantimedias (f pl)	**sarung kaki**	[saruŋ kaki]
medias (f pl)	**stoking**	[stokiŋ]
traje (m) de baño	**pakaian renang**	[pakajan rɛnaŋ]
gorro (m)	**topi**	[topi]
calzado (m)	**kasut**	[kasut]
botas (f pl) altas	**kasut lars**	[kasut lars]
tacón (m)	**tumit**	[tumit]

| cordón (m) | tali kasut | [tali kasut] |
| betún (m) | belaking | [bɛlakiŋ] |

guantes (m pl)	sarung tangan	[saruŋ taŋan]
manoplas (f pl)	miten	[mitɛn]
bufanda (f)	selendang	[sɛlendaŋ]
gafas (f pl)	kaca mata	[katʃa matə]
paraguas (m)	payung	[pajuŋ]

corbata (f)	tai	[taj]
moquero (m)	sapu tangan	[sapu taŋan]
peine (m)	sikat	[sikat]
cepillo (m) de pelo	berus rambut	[brus rambut]

hebilla (f)	gancu	[gantʃu]
cinturón (m)	ikat pinggang	[ikat piŋgaŋ]
bolso (m)	beg tangan	[beg taŋan]

6. La casa. El apartamento

apartamento (m)	pangsapuri	[paŋsapuri]
habitación (f)	bilik	[bili]
dormitorio (m)	bilik tidur	[bilik tidur]
comedor (m)	bilik makan	[bilik makan]

salón (m)	ruang tamu	[ruaŋ tamu]
despacho (m)	bilik bacaan	[bilik batʃaan]
antecámara (f)	ruang depan	[ruaŋ dɛpan]
cuarto (m) de baño	bilik mandi	[bilik mandi]
servicio (m)	tandas	[tandas]

aspirador (m), aspiradora (f)	pembersih vakum	[pɛmbɛrsih vakum]
fregona (f)	mop lantai	[mop lantaj]
trapo (m)	lap	[lap]
escoba (f)	penyapu	[pɛnjapu]
cogedor (m)	penadah sampah	[pɛnadah sampah]

muebles (m pl)	perabot	[pɛrabot]
mesa (f)	meja	[medʒə]
silla (f)	kerusi	[krusi]
sillón (m)	kerusi tangan	[krusi taŋan]

espejo (m)	cermin	[tʃɛrmin]
tapiz (m)	permaidani	[pɛrmajdani]
chimenea (f)	perapian	[pɛrapian]
cortinas (f pl)	langsir	[laŋsir]
lámpara (f) de mesa	lampu meja	[lampu medʒə]
lámpara (f) de araña	candelier	[tʃandelir]
cocina (f)	dapur	[dapur]
cocina (f) de gas	dapur gas	[dapur gas]

cocina (f) eléctrica	dapur elektrik	[dapur elektri]
horno (m) microondas	dapur gelombang mikro	[dapur gɛlombaŋ mikro]
frigorífico (m)	peti sejuk	[pɛti sɛdʒu]
congelador (m)	petak sejuk beku	[petak sɛdʒuk bɛku]
lavavajillas (m)	mesin basuh pinggan mangkuk	[mesin basuh piŋgan maŋku]
grifo (m)	pili	[pili]
picadora (f) de carne	pengisar daging	[pɛŋisar dagiŋ]
exprimidor (m)	pemerah jus	[pɛmɛrah dʒus]
tostador (m)	pembakar roti	[pɛmbakar roti]
batidora (f)	pengadun	[pɛŋadun]
cafetera (f) (aparato de cocina)	pembuat kopi	[pɛmbuat kopi]
hervidor (m) de agua	cerek	[tʃere]
tetera (f)	poci	[potʃi]
televisor (m)	peti televisyen	[pɛti televiʃɛn]
vídeo (m)	perakam video	[pɛrakam video]
plancha (f)	seterika	[sɛtɛrikə]
teléfono (m)	telefon	[telefon]